53163

RÉFLEXIONS

SUR

LA CRISE FINANCIÈRE

QUI SE PRODUIT

Actuellement en Europe

ET

PARTICULIÈREMENT EN FRANCE.

RÉFLEXIONS

SUR LA

CRISE FINANCIÈRE

QUI SE PRODUIT

ACTUELLEMENT EN EUROPE

ET

PARTICULIÈREMENT EN FRANCE,

Par J. VALLARINO cadet,

Membre de la Société Agricole, Scientifique et Littéraire des Pyrénées-Orientales,
Membre du Conseil d'Arrondissement,
Ancien Juge du Tribunal de Commerce de Perpignan,

LUES A LA SOCIÉTÉ AGRICOLE DE PERPIGNAN.

PERPIGNAN,
IMPRIMERIE DE Mlle ANTOINETTE TASTU, RUE DE LA PRÉFECTURE.
—
JUIN 1857.

AVANT-PROPOS.

La crise financière qui existe depuis déjà long-temps, et qui menace de se prolonger encore, nous a donné l'idée d'en rechercher la cause.

Il y a sans doute de la témérité, à nous, si humble et perdu dans la foule, d'oser aborder une si haute question. Il existe, nous le savons, des hommes d'une longue expérience, d'un talent éminent, qui joignent à une brillante éducation, achetée à gros deniers, ce complément d'études, accessibles à un petit nombre, que donne la fréquentation des hommes qui, aujourd'hui, dans toutes les spécialités, font l'orgueil de la France et l'envie de l'Europe; à eux donc, mieux qu'à nous, il appartiendrait d'ouvrir ce débat; mais malheureusement leur haute position les empêche de voir de près les intérêts qu'ils sauraient si bien défendre. Jamais ils ne sont entrés dans la cabane du laboureur ou l'échoppe de l'artisan pour apprécier sainement ces existences si laborieuses, si dignes d'intérêt et pourtant si négligées. Et comment les comprendraient-ils ces dévoûmens si obscurs et pourtant si admirables, eux, les heureux du siècle, qui, à peine nés à la vie, ont vu la fortune s'asseoir autour de leur berceau et dorer tous les jours leur sereine existence ? La faim, la soif, les privations de toute sorte sont pour eux des mots incompris. Nous n'avons pas été, nous, de ces rares privilégiés. Issu de parens honnêtes mais peu fortunés, nous n'avons pu recevoir qu'une éducation très-incomplète. A l'âge de 12 ans, nous quittâmes les bancs d'une modeste école pour entrer dans le commerce. Nous prîmes bientôt le goût des sérieuses occupations et, quoique jeune, nous nous préparâmes de longue main à devenir homme. Aussi fûmes-nous ambitieux de bonne heure, non de cette ambition folle, insatiable, criant toujours, avance! sans laisser un moment de trève, mais de cette ambition modérée, raisonnable, qui cherche à améliorer sa position matérielle par le travail et la persévérance.

Parvenu à l'âge où l'homme sent le besoin de fixer ses idées, nous eûmes le bonheur de rencontrer une compagne qui combla tous nos vœux. Dieu bénit cette union, et malgré les entraves sans nombre suscitées à nos débuts, il nous a été donné de fournir honorablement une longue carrière, et d'élever une nombreuse famille qui fait notre joie et notre orgueil.

Parvenu au déclin de notre existence, nous nous sentons assez de force pour élever la voix en faveur de cette classe nombreuse et si digne d'intérêt, qui arrose chaque jour de la sueur de son front le morceau de pain qui entretient sa frugale existence; en prenant la plume, dans l'intérêt de cette belle cause, nous n'obéissons point à un sentiment de puérile vanité ni à un besoin de vaine renommée que, Dieu merci, nous n'avons jamais envié. Nous ne voulons qu'éveiller l'attention des hommes compétens. Puissent-ils apporter dans cette tâche la conviction et le dévoûment qui nous anime!

Avant d'aborder la question que nous nous sommes proposée, nous tracerons à longs traits le résumé historique des soixante dernières années. Il jettera, nous le croyons, un grand jour sur ce que nous dirons plus tard.

RÉFLEXIONS
SUR LA
CRISE FINANCIÈRE
Qui se produit actuellement en Europe
ET
PARTICULIÈREMENT EN FRANCE.

―――

Révolution de 1789.

> Lorsque le peuple est déchaîné il oublie toute règle de civilisation et recule à l'état sauvage.

Depuis que Louis XIV avait décrété l'absolutisme par ce mot si connu : l'Etat, c'est moi, le peuple supportait impatiemment un joug tout façonné d'abus et de vénalité. En un jour de colère, il ébranla jusqu'en ses fondemens le vieux trône des Bourbons, et, semblable à un enfant, toujours avide d'essayer ses forces naissantes, le peuple déchaîné jeta, comme un sanglant défi à l'Europe coalisée, la tête du dernier de ses Rois. En vain la France se couronna de lauriers ; les nombreux faits d'armes de cette époque ne peuvent faire oublier les ruisseaux de sang que l'échafaud faisait couler à flots; la science, la vertu, la naissance, la fortune, étaient autant de crimes qui désignaient à la hâche du bourreau. — Cependant la France se sentait mal à l'aise sous ce règne de sang, et un jour un immense cri de joie annonça que Robespierre n'était plus et que le règne de la terreur était fini.

Une nouvelle Constitution confia le pouvoir exécutif à cinq directeurs, dont l'incapacité notoire, un seul excepté, ne pouvait réparer les maux dont la France souffrait depuis si long-temps; la défiance augmenta, le commerce tarit, le numéraire se cacha ; les assignats multipliés sans mesure perdirent presque toute leur valeur, et l'Etat garantit à ses créanciers le tiers de leurs dettes, sous le nom de *tiers consolidé*, ce qui était décréter la banqueroute des deux autres tiers. Un luxe effréné, une corruption sans exemple se répandit dans la société ; tout le monde comprenait que cet état de choses ne pouvait durer et chacun se demandait quel serait celui qui y mettrait fin. Cependant un homme prédestiné grandissait dans l'ombre : officier à Toulon, général à Arcole et à Rivoli, Bonaparte était allé demander à la vieille terre des Pharaon ce prestige de gloire qui impose toujours aux hommes alors qu'ils ne respectent plus rien. Après avoir rempli l'Orient du bruit de ses exploits, il revient subitement en France et, sûr des sympathies publiques, il renverse ce gouvernement caduc dont on ne voulait plus. — Nommé Consul, il s'efforça de mettre un terme aux malheurs publics; il rappela les émigrés, rétablit le culte Catholique qui avait été interdit, fonda la Légion-d'Honneur ; les Tribunaux furent réorganisés, le désordre des finances fut réparé et toutes les branches de l'Administration améliorées; et pendant les instants de repos d'une guerre incessante, il prit une part très-active à la confection du Code Civil, le plus beau monument de législation des temps modernes et qui à lui seul suffirait pour immortaliser son nom.

La nation, fière de sa gloire et heureuse de sa prospérité, proclama Bonaparte consul à vie, puis, Empereur. Aussitôt de formidables coalitions se forment contre la France, on conspire de toutes parts pour anéantir ce royaume d'un jour; mais la mémorable bataille d'Austerlitz met les rois vaincus aux pieds du héros triomphant. L'Europe est désormais comme son patrimoine dont il dispose à son gré pour doter sa famille ; non content d'avoir assis ses frères sur le trône des rois, il distribue à ses généraux des dotations qui les font trop riches pour être toujours fidèles. Pendant dix ans il promène en tout sens son char triomphal dans l'Europe asservie. Mais Dieu avait compté ses heures. Il fut vaincu, les élémens déchaînés se déclarent contre lui, et les neiges de la Russie servent de tombeau à la plus belle armée du monde. — La défection se met dans ses rangs et ses alliés jaloux se tournent contre lui. — Malgré son génie, il ne peut empêcher les alliés d'entrer dans Paris. Il lui restait une armée nombreuse et fidèle, il pouvait encore combattre, mais il savait que la France avait besoin de repos — et il reçut, en échange du plus beau trône du monde, la petite île d'Elbe avec deux millions de revenu.

Louis XVIII porté au trône par les baïonnettes étrangères ne put, malgré sa bonne volonté, calmer les mécontens nombreux que faisait le nouvel ordre de choses. — Entouré d'hommes qui ne voulaient faire aucune concession aux nouvelles idées, il se trouva débordé par l'opinion. — De toutes parts éclataient des murmures contre l'insolence des étrangers et les manœuvres anti-libérales de la cour. — Napoléon les entend — il débarque à Fréjus; sa présence électrise ses troupes et dans trois jours il rentre à Paris plus maître que jamais.

Les rois coalisés assemblés à Vienne pour rattacher à quelque corps politique les lambeaux épars de l'Empire divisé, le mettent au ban de l'Europe. La campagne est ouverte aussitôt. — Le malheur ou la défection, l'histoire le dira, nous rendent infidèle la victoire attachée déjà à notre drapeau. — Waterloo voit le triomphe des alliés et la chute de Napoléon. — Le héros vaincu alla s'asseoir au foyer du peuple britannique; mais, hôte infidèle, l'Angleterre l'exila sur un roc au milieu de l'Océan où il traîna, pendant cinq ans, une longue et cruelle agonie.

Napoléon à Ste-Hélène et Louis XVIII sur le trône, la France semblait se promettre un long repos. — La Charte, librement octroyée par le Roi et acceptée par les représentans de la nation, était un gage des bonnes intentions du monarque ; ce prince, homme de tête et de résolution, sut donner une vive impulsion à l'activité fébrile du peuple ; les sciences, les lettres, les arts, furent encouragés et protégés ; le commerce et l'industrie reçurent un prodigieux essor ; les armemens maritimes furent considérablement augmentés, et la nation, heureuse, oubliait déjà les saturnales de la terreur et la gloire de l'Empire si chèrement payée. — Mais le roi vieillissait et son successeur ne faisait pas espérer de lui voir continuer cette œuvre de progrès. — Ces appréhensions ne se justifièrent que trop; à peine arrivé au pouvoir, Charles X, pressé par son entourage et surtout par le soi-disant parti prêtre, à qui il avait donné toute sa confiance, marcha à grands pas vers la réaction. — Le chef de la branche cadette profita de ses fautes. — Le palais Royal fut le rendez-vous de tout ce qu'il y avait d'éminent dans la politique, dans la presse, dans les lettres, dans les arts; des journaux furent fondés qui grossissaient encore les fautes trop visibles du gouvernement ; on y menaçait le peuple de la dîme, des droits d'aînesse, des corvées. — Aussi la méfiance était partout lorsque, par un aveuglement inexcusable, le ministère lança les fameuses ordonnances qui supprimaient de la Charte la seule garantie contre l'oppression. — Aussitôt la presse proteste ; la nation se lève comme un seul homme, et après trois jours d'une lutte inégale, la royauté vaincue s'achemine tristement, pour la seconde fois, vers la terre de l'exil. Louis-Philippe fut proclamé lieutenant-général et quelque temps après, Roi des Français.

Louis-Philippe, proclamé Roi des Français par les 221 députés, ne fit point sanctionner son élection par la nation. C'était un prétexte de réclamations laissé aux mécontens de tous les partis. Les légitimistes se frottaient les mains sachant que ce gouvernement, issu des barricades, perdrait bientôt la faveur populaire, puisqu'il avait trop promis, et, qu'en vertu d'un pacte secret, conclu avec les puissances européennes, il s'était engagé à ne rien changer à l'état de choses existant et à abandonner Alger dès que les circonstances le permettraient. Bientôt en effet, voyant toutes ses espérances déçues, le parti populaire s'organisa en sociétés secrètes et enveloppa la France comme d'un immense réseau. Partout s'ourdissaient dans l'ombre des complots régicides et les attentats contre la vie du Roi se multiplièrent d'une manière effrayante.

Cependant le calme revenait, le commerce et l'industrie prospéraient et la France supportait, si non avec amour du moins avec une parfaite résignation, ce roi populaire, donnant à tous l'exemple des vertus de famille; ses jeunes princes fraternisant dans les écoles publiques avec les fils de la bourgeoisie et gagnant sur les champs de bataille les grades qu'ils n'auraient eu qu'à désirer. Mais avec le temps de nouvelles idées surgissent, elles prennent faveur; de nouveaux besoins se font sentir, et, lorsqu'un gouvernement ne sait point se mettre résolument à la tête de la nation pour la conduire dans cette voie de progrès, il arrive un moment où il est débordé par l'opinion et entraîné par une pente rapide dans l'abîme des révolutions. Les hommes à qui avait été commise la direction des affaires ne comprirent point la mission sociale du Gouvernement de Juillet. Ils refusèrent obstinément les concessions demandées à grands cris. Alors la presse, cette arme terrible, qui est la dernière raison des peuples comme le canon est celle des rois, commença une guerre d'escarmouches, d'attaques incessantes qui devaient un jour renverser la monarchie. Elle signalait la corruption du pouvoir, les manœuvres scandaleuses qui présidaient aux élections, la vénalité des charges. Elle désignait par leurs noms à la vindicte publique les fonctionnaires qui secondaient avec trop de zèle ces coupables combinaisons. Enfin, un jour, le journalisme, de ses cent mille voix, jeta aux quatre vents du Ciel le mot Réforme. Le parti prêtre, toujours opposé à cette dynastie, surtout depuis le mariage de l'héritier présomptif avec une princesse protestante, s'associa hautement à ces manifestations publiques. Le ministère refuse avec énergie les concessions qu'on veut lui imposer. Paris se lève comme un seul homme, et, dans trois jours de légitime colère, brise ce trône qui, la veille encore, se promettait des siècles d'avenir.

La France apprit en même temps le renversement du Ministère, la chute de la Monarchie et l'installation d'un Gouvernement Provisoire. On avait dépassé ses plus larges espérances; mais, effrayée par d'aussi graves nouvelles, elle attendait avec anxiété la suite des évènemens. Bientôt la proclamation de la République, en réveillant de sinistres souvenirs, augmenta la défiance; les capitaux se cachèrent, le commerce languit, l'industrie vit ses ateliers désertés. L'Europe se tenait, à l'égard de ce nouveau Gouvernement, dans une réserve glaciale, prête à devenir agressive; une proclamation éloquente, tombée de la plume d'un homme de génie, la rassura.

Mais l'émeute permanente menaçait de méconnaître les généreuses intentions de ses chefs. De sinistres cris, des vociférations incendiaires couraient dans les masses; partout le désordre, l'anarchie; quelques momens encore et la guerre civile allait plonger dans le deuil notre belle patrie. Les mauvaises passions tentent un suprême effort, et si elles triomphent, si le symbole de la terreur flotte librement dans les airs, l'inauguration de l'échafaud le suivra bientôt; mais un homme s'est trouvé qui, seul, par la puissance de son génie et la force d'en haut, a su dompter la populace ameutée et arracher à ses mains criminelles le symbole du carnage. Il n'a jamais été donné à un homme de rendre à son pays un plus éminent service. Puisse la France ne pas trop l'oublier !

Il fallait pourtant organiser ce désordre. On forma la garde mobile et les ateliers nationaux. Mais ce dernier palliatif ne fit qu'augmenter le mal au lieu de le guérir; il fallut les supprimer, et les désastreuses journées de juin furent la conséquence de cette mesure. Napoléon, Président, essaya de faire tomber la défiance avec laquelle certains partis l'avaient accueilli; mais ses efforts furent impuissans. Il voulut aussi vainement rendre quelque vitalité à la République, ce n'était déjà plus qu'un cadavre. Puisant alors dans son génie et son patriotisme un énergique dessein, il dissout la chambre des représentans et fait un appel à la nation, qui confirme tous ses actes; et, après avoir jugé par lui-même de l'état des esprits et des besoins du peuple; après avoir parcouru la France au milieu d'une continuelle ovation, il demanda à ce peuple qu'il avait trouvé si sympathique de ressusciter la dynastie des Napoléon. 8 millions de suffrages lui prouvèrent que dès long-temps ce vœu était dans tous les cœurs. Dès que l'Empire fut rétabli, les lois suivirent leurs cours; la constitution et le sénatus-consulte parurent; des limites furent imposées à la presse, la confiance suivit de près la proclamation de l'Empire, aussi le commerce et l'industrie, languissans jusques-là, reprirent leur essor, et l'on vit se rouvrir les grands travaux suspendus à la suite de la révolution. Les fonds publics, les actions industrielles, les chemins de fer, les obligations, etc., augmentaient avec une rapidité sans exemple. De nouvelles concessions furent données. L'argent qui s'était caché, reparut, et l'on vit de grands travaux s'ouvrir; les manufactures ne pouvoir suffire aux commandes. Des actes de clémence, faits avec discernement, ramenèrent en France une grande partie des hommes égarés qui avaient été déportés. Les partis semblaient marcher d'un commun accord pour soutenir celui qui s'était acquis à juste titre la confiance de la nation. Mais ce calme ne devait pas être de longue durée, et la question d'Orient, remise pour la 4ᵉ fois en discussion, obligea la France de s'unir à l'Angleterre pour défendre la Turquie contre les empiétemens de la Russie qui, en convoitant Constantinople, menaçait l'Occident.

Personne n'ignore la gloire que s'est acquise la France dans cette guerre unique dans l'histoire, et qui a porté le nom de Napoléon dans tout l'Univers. Malgré les dépenses considérables occasionnées par cette guerre lointaine, la France la voyait avec bonheur et s'associait à tous les actes que nécessitaient les besoins de l'Etat. Un emprunt était devenu nécessaire; l'Empereur, dans l'intention d'y faire participer les petites bourses, ordonna qu'il serait fait par souscription et réduisit le chiffre de la rente à sa plus simple expression.

Comme après février, le gouvernement provisoire avait converti les livrets des caisses d'épargnes en rentes sur l'Etat et que ces titres étaient entre les mains de milliers de petits capitalistes, ceux-ci, qui avaient eu le temps d'étudier le rouage financier, puisqu'ils bénéficiaient de 15 à 20 % sur les versemens qu'ils avaient faits, s'empressèrent de prendre part à la souscription, ce qui obligea l'Etat d'en diminuer le chiffre de moitié.

Les nouvelles lignes de chemins de fer, concédées à de grandes compagnies qui émirent sur le marché des milliers d'actions et d'obligations, offraient un appas considérable aux capitalistes par la garantie de l'Etat; ils se jetèrent à corps perdu sur les actions des chemins de fer et des obligations; de nouvelles industries ouvrirent des souscriptions : les docks, les clipers, le palais de l'industrie, les armemens maritimes, etc., se présentèrent et enlevèrent le numéraire des départemens, au profit de la capitale. Les ressources financières s'épuisaient chaque jour, puisqu'il fallait couvrir les frais de la guerre et emporter des chargemens d'espèces vers l'Orient ; la Turquie eut ses coffres vides, la France et l'Angleterre vinrent à son secours.

Un second emprunt fut ouvert, et la souscription s'éleva à des sommes fabuleuses qu'il fallut réduire des 4/5. Tout cela paraissait démontrer combien la France avait de ressources; mais on s'aperçut plus tard que c'était la spéculation qui profitait en grande partie des avantages de ces emprunts ; car celui qui ne pouvait prendre que 10 fr. de rente en prenait 50, parce que les 18 mois accordés lui suffisaient pour se libérer ou pour vendre son titre. C'est cette spéculation qui explique le chiffre considérable de cette souscription.

En même temps que les finances arrivaient à Paris, le Gouvernement ne cessait de donner de nouvelles concessions, et les compagnies, de demander de l'argent à ses actionnaires.

Les récoltes des céréales avaient donné de faibles résultats ; l'oïdium avait envahi nos vignobles, ce qui nous obligeait de chercher au dehors les quantités de céréales et de spiritueux nécessaires pour couvrir notre déficit, et l'étranger soutirait ainsi de nos poches 3 à 400 millions. Ces déficits se sont renouvelés en 1855 et 1856, ce qui nous a privés, en y comprenant les achats de soie, de près d'un milliard de numéraire tous les ans. Nous demanderons quel a été le chiffre de nos exportations comparées à nos importations? C'est à ces causes que nous attribuons les crises qui se sont produites, et qui ont détruit la balance qui existait. Le Gouvernement l'a bien compris puisqu'il a suspendu toutes les nouvelles émissions, et s'est refusé à toute nouvelle concession jusqu'à la liquidation des affaires en cours d'exécution. Cette mesure, nous l'avouons, a contribué à arrêter la crise en même temps que la dépréciation dont les valeurs industrielles étaient menacées. Mais remédiera-t-elle au mal existant ? C'est ce que l'avenir nous démontrera. En attendant, nous voyons déjà de grandes industries et de grandes entreprises se faire une concurrence funeste pour les petits capitalistes ; puisque la hausse ou la baisse qui se manifeste à la Bourse n'est que la conséquence du succès ou de la décadence de telle compagnie ; c'est ce qui explique aussi le besoin qu'ont les compagnies de s'entendre, pour ne former que quelques réseaux de chemins de fer. D'un autre côté, l'insuffisance des capitaux de la Banque arrêtait souvent l'essor des affaires, et jamais on n'avait vu l'établissement privilégié changer à tout instant les conditions de ses escomptes. Aussi les bénéfices énormes qu'il réalise ont fait quadrupler le chiffre d'émission de ses actions. Il serait à désirer que le Gouvernement obligeât cet établissement à se mettre en rapport avec les affaires existantes, ou bien qu'il provoquât la fondation de quelque autre établissement de crédit, en lui accordant les mêmes priviléges qu'à la Banque de France.

Chemins de Fer.

Les grandes concessions faites aux Compagnies des Chemins de Fer n'ont pas peu contribué à la crise existante ; en effet, indépendamment des deux emprunts, les demandes de fonds pour achever certaines lignes ont influé sur les affaires dans plusieurs départemens ; car les bénéfices présumés des rentes de 1855 sur les Chemins de Fer et autres actions, ainsi que ceux résultant des emprunts, avaient tellement exalté la tête des capitalistes de province, que même les grands propriétaires, qui jusques-là s'étaient bornés à placer les capitaux par hypothèque ou par billet et à exploiter leurs propriétés, ont négligé l'agriculture pour s'occuper de rentes, actions ou obligations qui leur offrent des avantages bien plus importans et que nous croyons devoir énumérer.

AVANTAGES RÉSULTANT DES VALEURS INDUSTRIELLES
ET DES CHEMINS DE FER.

1° Point de souci pour le placement en rentes, en actions ou obligations dont l'intérêt est garanti par l'État, ce qui en assure le recouvrement à jour fixe ; par ce moyen, on ne doit point réclamer les intérêts de la propriété, et l'on évite le désagrément de la faire exproprier, afin d'obtenir le paiement de sa créance. Point de tracas pour l'exploitation de son domaine, dont le revenu n'atteint pas quelquefois 2 ou 3 p. % net, sans compter les nombreuses charges de contributions de toutes sortes, etc., etc., et le manque de récoltes, qui constitue une perte réelle. La rente, l'action ou l'obligation le met à l'abri de tout souci. A-t-il besoin de ses fonds ? il peut les percevoir à l'instant même ; les actions lui offrent-elles un bénéfice ? il peut le réaliser, en attendant un moment favorable pour le remplacer. Vient-il à mourir ? point de frais de succession ou de mutation ; point de contributions à payer, ni d'autres charges à supporter ; il n'a qu'un souci, c'est de mettre ses valeurs à l'abri de l'incendie. On conçoit donc que cette fièvre de la spéculation et du placement ait gagné la majeure partie des capitalistes, industriels et agriculteurs des départemens, et qu'ils se soient lancés aveuglément dans ces sortes de spéculations.

Après avoir énuméré les divers avantages qu'offrent ces divers titres, nous devons citer les inconvéniens :

1° Un événement imprévu peut faire tomber la rente ou l'action bien au-dessous du prix d'émission. Diverses causes peuvent compromettre les revenus des chemins de fer et réduire leur dividende, excepté les lignes dont l'Etat a garanti l'intérêt.

2° La dépréciation du matériel roulant, qu'il faut renouveler souvent.

3° Des inondations, qui viennent occasionner des dégâts considérables, et arrêter ou réduire extraordinairement ses recettes.

4° Les infidélités commises par les employés, qui peuvent être très-considérables.

5° Les accidens qui peuvent forcer les compagnies à faire des pensions à des tiers, atteints dans leurs proches.

6° La diminution de la valeur, à mesure qu'elle arrive au terme de la concession.

7° Des événemens politiques, qui peuvent faire baisser les actions au-dessous du pair.

8° Des concurrences établies sur les fleuves, les canaux, et dans toutes les distances au-dessous de 50 kilomètres, ou d'autres causes qu'il serait trop long d'énumérer. Les intéressés doivent connaître ce qui se passe en Angleterre, et quels sont les avantages que le capitaliste retire.

Le moment est-il venu d'inonder la France de valeurs étrangères et d'envoyer notre numéraire au dehors pour la construction de ces chemins, lorsque les mêmes compagnies peuvent à peine terminer les lignes françaises! est-ce agir avec discernement que d'entreprendre à la fois des travaux qui ne sont nullement en rapport avec les ressources numéraires de la France!

Les chemins de fer Russes, qui viennent d'être concédés, exigeront plus d'un milliard de capital, et autant au moins pour toutes les autres lignes étrangères, ce qui d'un seul coup forme deux milliards de valeur en émission.

Aussi, ne sommes-nous pas surpris de voir, dans certains momens, les principales villes qui entourent la capitale manquer de numéraire pour payer leurs ouvriers. Que doivent faire et attendre les départemens et leurs milliers de communes qui en sont éloignées? quand on sait surtout que dans des villes comme Marseille, le Hâvre et Paris, on paye quelquefois jusqu'à 5 fr. % de prime pour l'échange du papier contre du numéraire.

Soies.

Le mûrier a suivi les mêmes phases que la vigne et l'olivier, ce qui pourrait faire penser que les élémens ont été altérés dans leur essence, altération qui pourrait se prolonger longtemps encore. Aussi, dans l'espace de quelques années, la récolte de la soie a diminué des 9/10es. Il nous a fallu recourir à l'étranger pour combler l'insuffisance de nos récoltes et pour ne pas laisser inoccupés des milliers de bras employés dans cette industrie. Aussi, nos importations de matières premières se sont-elles élevées de 30 à 500 millions, et ces énormes transports maritimes sont presque tous bénéficiés par l'Angleterre.

Avant de terminer notre travail en indiquant le moyen de remédier aux crises financières, nous nous permettrons de signaler une cause qui, selon nous, augmente le malaise général au lieu de le diminuer. Nous voulons parler de la liberté absolue de commerce, tant vantée de nos jours par des plumes trop habiles et pour laquelle le Gouvernement semble avoir quelque tendance. On espérait que la suppression ou la diminution des droits sur les vins et sur les alcools allait déterminer dans ces articles une baisse immédiate et très-marquée ; mais tout le contraire est arrivé, et ces produits ont atteint une hausse à laquelle ils ne seraient jamais parvenus sous le régime des prohibitions antérieures. La même chose est arrivée pour tous les articles qui ont été dégrevés, et il devait en être nécessairement ainsi : en ouvrant nos ports aux produits étrangers, vous y attirez l'excédant de ces produits dans les autres nations, car leur Gouvernement n'autoriserait pas la sortie du nécessaire ; ces produits doivent donc augmenter sur les lieux de leur production. La spéculation ne tarde pas à leur faire prendre leur niveau au détriment de la nation qui n'a retiré aucun profit de la mesure fiscale dont on se promettait merveille et qui n'a servi tout au plus qu'à faire d'abord réaliser de gros bénéfices à quelques financiers déjà cent fois millionnaires. Des vins, par exemple, qu'on aurait achetés 40 fr., se vendront d'un coup 50 fr. si les 10 fr. de droits dont ils étaient frappés sont supprimés, et les 10 fr. d'augmentation iront enrichir nos voisins au lieu de rester dans les coffres de l'Etat. Les libres échangistes sont de bonne foi, il ne nous coûte pas de le croire ; leurs idées sont généreuses, mais leur réalisation complète serait la ruine totale de notre commerce et de notre industrie. Voyez ce qui est arrivé après la diminution des droits sur les alcools ! Nos marchés ont été inondés de produits falsifiés, qui ont déprécié cet article pour longtemps et contre lesquels ne pouvait pas lutter la loyale concurrence de nos fabricans. Bientôt, un malaise général provoqua des doléances unanimes et obligea le Gouvernement à revenir sur cette ruineuse mesure. Ouvrez vos ports aux blés de la Russie, et bientôt l'agriculteur découragé laissera en friche le champ qui ne pourra plus le nourrir.

Faillites.

Depuis quelle époque le chiffre des faillites augmente-t-il, si ce n'est depuis que cette fièvre de la spéculation s'est emparée d'une partie de la classe éclairée de la nation? Chacun a voulu prendre une part plus ou moins directe aux entreprises industrielles, souvent au détriment d'intérêts plus positifs, et, une fois sur cette pente fatale, rien n'a pu l'arrêter. Aussi, le chiffre de 2,305 faillites déclarées en 1851, s'est élevé, en 1854, à 3,691. Il en est de même des banqueroutes frauduleuses et des banqueroutes simples. Quant aux tromperies de toutes sortes que la mauvaise foi engendre, elles prennent des proportions alarmantes ; car en 1851, on a poursuivi 1,717 délinquans et en 1854, 7,831. Ne doit-il pas y avoir une cause qui produit de pareils effets?

Agriculture.

Les diverses causes que nous venons d'énumérer ont surtout été fatales à l'agriculture. Les capitaux lui ont manqué, l'agriculture s'est vue obligée de diminuer son travail ; les élémens ont conspiré sa perte. Et cependant qui paye la plupart des charges publiques, si ce n'est la propriété foncière. Que de charges à supporter ! Que de fatigues et de privations doit s'imposer l'homme des champs pour faire face à tant d'épreuves ! La difficulté de trouver des bras pour enlever ses récoltes lui causent de continuels embarras. Les hommes manquent à la terre ; il semble qu'ils ont oublié que c'est d'elle que nous vient tout ce qui nous est utile et nécessaire. Les grandes villes voient chaque jour leur population s'augmenter d'une manière effrayante au détriment des campagnes ; l'on n'a qu'à donner un coup d'œil sur le dernier recensement pour s'en assurer.

Nous convenons que le Gouvernement fait tout ce qu'il peut pour améliorer et encourager l'agriculture. La science vient à son secours, rédige pour elle de très-beaux écrits, indique des améliorations nombreuses, mais malheureusement son langage n'est pas accessible aux masses, et les procédés nouveaux sont souvent d'une réalisation trop dispendieuse. Du reste, il a été publié tant de nouveaux systèmes qu'il aurait fallu aux agriculteurs des sommes considérables pour en mettre la plus petite partie en pratique. Aussi voyons-nous, dans plusieurs départemens, l'agriculteur suivre son ancienne routine et travailler comme le faisaient ses ancêtres. S'il se fait quelque amélioration elle passe inaperçue, la masse ne pouvant l'imiter faute de moyens ; la dette qui pèse sur la propriété foncière, dette énorme, puisqu'elle s'élève à plusieurs milliards, vient l'accabler et consommer sa ruine ; car souvent, pour ne pas dire toujours, les intérêts qu'elle paye dépassent le produit qu'elle donne. On a signalé maintes fois le mal, on a bien cherché les moyens d'y remédier un peu, en créant une nouvelle institution, le *Crédit Foncier*, mais les statuts de cette société sont établis de telle sorte que peu d'agriculteurs peuvent puiser à sa caisse, qui au reste est insuffisante pour les besoins de la France. On a bien indiqué aussi plusieurs moyens par lesquels le gouvernement pouvait lui venir en aide; mais il a fait la sourde oreille, préférant patroniser les grandes compagnies financières, auxquelles il accorde des priviléges qui aident à grever encore la propriété. Le seul moyen, selon nous, de remédier au mal existant pour la propriété foncière et mettre un terme aux crises qui se manifestent si souvent, c'est la création d'une Banque agricole, ou de Crédit immobilier si l'on veut, à l'instar de la Banque de France, et pouvant émettre, comme cet établissement, ses billets au porteur.

On nous demandera de quoi sera formé son capital? Nous allons indiquer notre idée qui, développée par des hommes spéciaux, peut arriver à la solution. Son capital serait la terre et l'immeuble assuré de toute nature. Il ne peut jamais disparaître; il peut dans quelques circonstances exceptionnelles diminuer un peu de valeur; mais cette perte n'arrivera jamais à 50 % de son prix normal. L'institution de cette Banque peut seule arrêter les crises qui menacent de se renouveler souvent si on n'y porte un prompt remède.

Le Gouvernement ou bien une société de grands propriétaires, en prenant l'initiative de cet établissement, formerait un conseil, dirigé par un gouverneur nommé par lui, et qui, à l'instar de la Banque de France, aurait une succursale dans chaque chef-lieu de département, où un conseil serait établi afin de reconnaître les titres des propriétaires qui auraient des besoins. Le même mode d'emprunt serait suivi, c'est-à-dire que l'emprunteur devrait présenter l'état de ses inscriptions, par conséquent le certificat de toutes ses hypothèques, et il ne lui serait fait de prêt que si ses biens étaient dégrevés. Ce prêt, soit en billet, soit en espèces, ne dépasserait jamais, et dans aucun cas, plus de 50 % de la valeur de ces immeubles. Il serait tenu de verser à la caisse le semestre des intérêts d'avance, soit 2 ou 2 1/2 % en espèces ; et dans le cas où il négligerait de les acquitter à jour fixe, la

Banque lui ferait un commandement trentenaire. Après ce délai, on les mettrait en demeure de vendre volontairement, dans l'intervalle de trois mois, tout ou partie de ses propriétés. S'il refusait d'obtempérer à cette seconde invitation, après trois mois, la Banque saisirait et ferait vendre, se payerait et remettrait l'excédant à l'emprunteur ; la caisse de la Banque ne lui ferait plus à l'avenir aucun prêt.

Les billets de la Banque agricole pourraient être portés au chiffre de un milliard, en coupons de cent, deux cent, cinq cent et mille francs, et productifs de 3 % d'intérêt payés par semestre à la caisse de la Banque (après 2 ans de son émission). Le Gouvernement lui-même n'émet-il pas sur sa seule garantie pour plus de 200 millions de bons du trésor à 3, 6 et 12 mois? Pourquoi l'agriculteur, avec des garanties matérielles, ne pourrait-il pas jouir du même privilége?

Le cours des billets serait forcé jusqu'au moment où les intérêts auraient formé le capital avec les intérêts de 5 p. % payés par semestre et d'avance. Une fois le capital formé en espèces, les billets cesseraient d'avoir le cours forcé, et la Banque payerait en numéraire ; ce ne serait que lorsque son encaissement serait descendu à un chiffre fixé par les statuts que ces billets auraient de nouveau cours forcé. Ces cas se présenteraient rarement, car chaque département ayant sa succursale de la Banque Agricole, les billets circuleraient, le numéraire ne serait en quelque sorte nécessaire que pour les appoints ou les achats à l'étranger. Au reste, ces billets étant productifs de 3 p. % d'intérêt seraient recherchés par les petits capitalistes, qui préféreraient avoir une valeur productive d'intérêt qu'un numéraire improductif.

Les billets de la Banque Agricole, en les supposant employés, produiraient dans un an 50 millions, 50 millions pendant la deuxième année, ce qui ferait 100 millions de numéraire après les deux années ; les intérêts payés seraient de 30 millions ; la Caisse de la Banque augmenterait son capital de 20 millions, qui accroîtraient chaque année son capital, déduction faite des frais que nécessiterait cette création. Par ce moyen le Gouvernement n'aurait pas à se préoccuper du capital; l'immeuble serait réservé à la garantie des billets émis, de même que la Banque de France a pour garantie des siens, son numéraire et ses lingots. Par ce moyen, l'agriculture, qui est la source productive des revenus de l'Etat, pourrait jouir des avantages dont jouit le commerce et l'industrie. Nous croyons que le plan que nous présentons, et que nous n'avons pas le talent de développer, est facile à réaliser et seul capable d'arrêter ces mouvemens de crise qui se répètent si souvent.

Ainsi que nous l'avons dit, le Crédit Foncier peut être appelé à rendre quelques services aux villes qui se trouvent rapprochées de la capitale, mais il ne peut s'étendre dans tous les départemens et n'est pas en rapport avec les besoins de l'agriculture qui (par l'insuffisance de son capital) se trouve grevée de plusieurs milliards. Il admet la spéculation comme plusieurs autres établissemens de Crédit à valeurs mobiles; cette institution, comme nous l'avons déjà dit, ne peut donc profiter à la masse des petits propriétaires, c'est-à-dire à ceux qui, avec les ressources nécessaires, font produire le plus.

Nous convenons que plusieurs institutions de Crédit, notamment la Banque de France, trouveraient cette mesure très-large, et même hostile. Nous n'ignorons pas qu'elle devrait léser quelques intérêts privés, mais là n'est point la question ; il s'agit de savoir si elle serait profitable en général. Au reste, est-ce que des mesures semblables ne sont pas prises par le Gouvernement, lorsque l'insuffisance des récoltes ou le manque d'autres produits nous oblige d'avoir recours à l'étranger ? Les décrets qui réduisent ou qui suppriment un droit ne portent-ils pas préjudice à des tiers ?

Mais c'est dans l'intérêt général que de tels expédiens sont adoptés, sans tenir compte de quelques intérêts particuliers. Nous croyons donc que l'établissement d'une Banque Agricole, avec l'émission de billets, montant à un milliard, établie sur les bases que nous indiquons, doit mettre fin à toute crise financière, rassurer le propriétaire qui, trouvant les moyens de faire les améliorations nécessaires à ses propriétés, les ferait produire davantage et en augmenterait la valeur. Cette Banque satisferait aussi aux besoins du commerce et de l'industrie, qui pourraient se livrer à leurs opérations régulières, sans crainte de voir à chaque instant les escomptes augmentés ou diminués, selon les circonstances.

Au reste, que peut faire une émission d'un milliard de valeurs ajoutée aux trente et quelques milliards qui existent déjà dans la masse des entreprises en mouvement ? Les besoins pressans de l'agriculture, et en second lieu ceux de l'industrie et du commerce, ne doivent-ils pas faire prendre au Gouvernement des mesures promptes et efficaces, afin d'arrêter ces crises qui finiraient par lui créer des embarras ? Par l'adoption d'un pareil projet, la fièvre du jeu ne pourrait plus exalter les têtes comme il arrive à tous les établissemens à valeurs mobiles et sujets à des jeux de Bourse. De 1,000 francs, prix de leur émission, n'avons-nous pas vu tomber, en 1848, les actions de la Banque de France à 900 fr., et remonter à 4,200 fr. quelques mois après ? Ce qui indique suffisamment les bénéfices énormes que fait cet établissement privilégié ; bénéfices prélevés sur le commerce et l'industrie et qui, par le fait, retombent sur la masse de la nation. En rendant les objets en rapport avec les charges, la Banque Agricole, à l'abri de toute spéculation, forme, à elle seule, la balance du Crédit, et ne peut être altérée en rien, même par une révolution, parce que le sol ne peut se cacher ni disparaître, et que le produit de ses récoltes peut tous les ans fournir aux besoins de la nation. Quel que soit l'évènement prévu ou imprévu, rien ne peut ébranler cette utile institution, qui produira l'effet de l'échelle mobile sur les subsistances, puisque, arrivée au chiffre de son encaissement, elle prête ou paye en numéraire son encaisse diminuée au chiffre fixé. Son billet doit être reçu comme argent, c'est une convention écrite dans la loi, tout le monde la connaît et s'y conforme, et l'on n'a plus à redouter ces crises qui peuvent, en se renouvelant, compromettre de très-grands intérêts.

Nous concluons donc que l'institution, dont nous demandons l'établissement, est appelé à rendre, soit moralement, soit matériellement, des services immenses aux 42,000 communes de France, en ce qu'elles verront disparaître l'usure, cette lèpre qui dévore aussi bien le petit propriétaire que le petit négociant ou l'industriel, et améliorera leurs positions respectives.

Puisse notre faible voix être entendue, et la France sera heureuse d'être attachée par un bienfait de plus à celui qui veille à ses glorieuses destinées !

A l'appui de notre opinion, nous croyons rendre hommage à la mémoire d'un homme, dont la modestie égalait le talent, et qui fut enlevé fort jeune à sa famille, en faisant suivre notre projet de celui qu'il avait élaboré et dont il avait donné communication dans des circonstances difficiles.

De la création par Département d'une Banque Agricole, Caisse de Prêt, d'Escompte et de Circulation.

> Quand tu prêteras de l'argent à mon pauvre peuple, tu ne l'accableras pas.
> (Exode, chapitre XXII, v. 25).

Mobiliser les valeurs fixes, leur communiquer les avantages des valeurs circulantes, tout en leur conservant, sans altération aucune, leur caractère de stabilité, tel est le vrai problême du crédit. Or, si une réserve de un million en *espèces métalliques* suffit à garantir l'émission d'une somme triple en billets, pourquoi une valeur d'un million en *fonds de terre* ne fournirait-elle pas une base aussi solide pour une opération analogue?

Cette faculté d'émettre des billets pour une valeur trois fois supérieure à celle de leur gage, nous pourrions certes la réclamer pour les Banques Agricoles; mais comme nous voulons fonder un établissement à bases inébranlables et à fonctions inaltérables, même au milieu de la plus grande crise financière, nous ne demandons qu'à émettre, sous la garantie d'une valeur foncière quelconque, des billets pour une égale valeur. Cela posé, et entrant au cœur de la question, nous établirons, comme fait irrécusable, l'énorme créance hypothécaire dont la propriété foncière en France est l'objet. Eh bien! voilà en partie du moins le capital trouvé.....

En effet, si dans chacun des 86 départemens, l'idée venait aux créanciers hypothécaires de s'entendre, de s'associer, n'est-ce pas que tous ces élémens, aujourd'hui épars et alors réunis, formeraient un faisceau de force dont l'action serait immense pour le bien comme pour le mal? Oui, sans doute, et alors quoi de plus rationnel que de les voir se réunir pour l'accomplissement d'une œuvre dont le résultat infaillible, quoique spécieusement absurde au premier abord, serait d'améliorer la position du débiteur par la réduction du taux de l'intérêt, et celle des créanciers par l'augmentation du bénéfice! Cette œuvre n'est autre que la fondation d'une Banque Agricole par département.

Le capital en serait constitué par : 1° les valeurs des créanciers hypothécaires, ayant pour objet des propriétés situées dans le département (pour avoir un chiffre, une évaluation quelconque sous les yeux, nous évaluerons arbitrairement cet apport à cinq millions); 2° par une somme de deux millions cinq cent mille francs en numéraire, et non autrement, versée par des actionnaires capitalistes; 3° par l'émission d'une somme de deux millions cinq cent mille francs, en billets, laquelle somme serait garantie par une inscription hypothécaire, ayant pour objet deux propriétés de valeurs suffisantes, apportées en gage par des actionnaires fonciers.

Comme on le voit, ce capital *nominal* de dix millions reposerait d'abord sur des titres d'une valeur mobilière de sept millions cinq cent mille francs, et, en second lieu, sur une somme de deux millions cinq cent mille francs en numéraire, c'est-à-dire sur une valeur portant en elle-même sa garantie, et qui, destinée à passer entre les mains de l'emprunteur foncier, recevrait en outre, par l'hypothèque, une seconde garantie.

La banque d'Angleterre, ce monument colossal, élevé à la gloire du crédit, est loin de reposer sur des bases aussi solides. Son capital consiste en une créance de deux cent soixante-quinze millions de francs sur le Gouvernement; or, lequel des deux offre le plus de garanties de stabilité, du Gouvernement ou de la propriété?

DU RÉGIME HYPOTHÉCAIRE DANS SES RAPPORTS AVEC LES BANQUES AGRICOLES ET L'ÉTAT.

De ce que nous venons de dire sur la constitution du capital, découle la nécessité d'annexer l'Administration des Hypothèques à l'Administration des Banques Agricoles; mais comme il n'est point d'erreurs ni de malversations qui intéressent à un plus haut point l'état social, que celles qui peuvent être commises en fait d'hypothèques ; comme d'ailleurs, eu égard à la conservation des droits et priviléges du trésor sur les biens des comptables, le Gouvernement doit avoir une action immédiate et une autorité directe sur les fonctionnaires à qui cette Administration est confiée. Ces fonctionnaires seraient nommés par le Gouvernement, dont ils relèveraient, et soumis à sa surveillance, à son inspection, à son contrôle. Seulement, comme leurs fonctions seraient exercées moins spécialement au profit de la *société entière* qu'au bénéfice d'une société particulière, leur traitement fixé par le Gouvernement, ou simplement maintenu à son chiffre actuel, serait *payé par la Banque* et prélevé sur les bénéfices généraux de l'Etablissement.

CAISSE DE PRÊT.

On conçoit facilement que la Banque, ayant ainsi sous la main des documens infaillibles sur la fortune foncière des individus, toute difficulté disparaîtrait entre elle et l'emprunteur solvable.

Des hommes compétens, et dont l'opinion est presque décisive en pareille matière, nous avaient fait craindre qu'une telle institution ne fût contraire au but *démocratiquement* agricole que nous nous proposons. Tous les jours, il arrive, nous disaient-ils, qu'une propriété de petite valeur est acceptée en garantie d'une somme presque équivalente. Ce qui dans ces circonstances décide le prêteur, c'est la valeur morale de l'emprunteur, ses habitudes d'ordre, d'économie; et en serait-il de même de vos actionnaires ? Cette observation nous avait frappé ; mais après avoir réfléchi, nous nous sommes dit que les actionnaires de la Banque Agricole, et surtout les membres composant le Comité de Prêt, propriétaires ou capitalistes, pouvaient, de premier abord, et devaient nécessairement, par la suite, avoir des données aussi certaines que possible sur la valeur morale de l'emprunteur ! Que de plus, et c'est ici un point essentiel, si pour les propriétaires, il y a dans l'état actuel des choses possibilité d'emprunter une somme presque égale à la valeur de la propriété engagée, cette possibilité existerait encore, et à plus forte raison, lorsque le contrat qui oblige l'emprunteur vis-à-vis du créancier ne serait plus grevé de ces frais accessoires, qui, dans certains départemens, portent l'intérêt jusqu'à 12 p. %; certes le quasi gratuit du contrat et la modicité de l'intérêt relèverait d'autant cette valeur morale.

DU TAUX DE L'INTÉRÊT.

L'intérêt serait d'abord fixé par la Banque, avec probabilité de réduction 4 1/2 p. %, sur cet intérêt un impôt de 1 p. % serait prélevé au profit de l'Etat; nous avons parlé d'une réduction probable, nous aurions dû dire infaillible (nous le démontrerons bientôt). Or, l'intérêt une fois réduit à 3 1/2 p. %, serait en harmonie avec le revenu agricole et donnerait conséquemment à l'agriculteur intelligent et laborieux de l'aisance à se libérer vis-à-vis de la Banque.

DE LA LIBÉRATION PARTIELLE ET PROGRESSIVE DU DÉBITEUR.

Mais pour que cette facilité fût encore plus grande, la Banque recevrait du débiteur, sur la totalité de la créance, des à-comptes qui ne pourraient cependant être moindres de 100 fr. Au lieu de noter ces à-comptes à côté de l'inscription hypothécaire, et de procéder aussi par des radiations partielles, la Banque délivrerait des billets de 100 fr., datés du jour de la remise, et productifs d'une rente de un centime par jour, soit de 3 fr. 65 p. % par an. Cette rente balancerait, même avec un léger avantage pour le débiteur, les intérêts de cette portion de la créance que l'à-compte était destiné à éteindre.

BILLETS DE BANQUE.

Ces billets à rente, bien que destinés à rester dans le portefeuille du débiteur sans être pour cela improductifs, pourraient sans doute être jetés dans la circulation ; mais cette circulation serait principalement alimentée par l'emission de 2 millions cinq cent mille francs en billets de Banque payables à vue au porteur. Du reste, quel que fût le chiffre primitif de cette émission, la banque pourrait l'accroître ou le réduire proportionnellement à l'importance des affaires locales, en ayant soin cependant de maintenir le parallélisme le plus complet entre la valeur de l'émission et la valeur de la garantie. Cette facilité a été accordée de tout temps aux Banques. La condition essentielle pour le crédit des billets de Banque est qu'ils soient remboursables au porteur à présentation et en numéraire. Au premier abord, et nous nous adressons ici aux esprits peu initiés aux propriétés du crédit, au premier abord, disons-nous, il semble qu'aussitôt émis un billet doit revenir à la Banque réclamer son remboursement, eh bien ! les phénomènes de la circulation sont tels que les Banques peuvent, avec une réserve de un million, émettre, sans inconvénient aucun, en temps ordinaire, pour trois ou quatre millions payables à vue au porteur, du moment que la confiance patronne une Banque, (et quel établissement serait plus digne de la confiance générale qu'une Banque Agricole ainsi instituée?) Du moment que ces billets sont acceptés partout comme numéraire, ils sont emportés par le courant de la circulation, d'autant plus rapidement qu'ils constituent des valeurs facilement transmissibles et ne reviennent que de loin en loin retremper leur crédit au comptoir de la Banque.

C'est cette propriété, depuis long-temps reconnue et chaque jour constatée, qui fournit la plus large part des gros bénéfices des Banques.

OPÉRATIONS DES BANQUES AGRICOLES DU CHANGE.

Localisons les faits; notre département envoie, sur divers marchés, ses fers, ses vins, ses 3/6, ses laines, ses huiles, etc., et reçoit quelquefois en payement du numéraire, le plus souvent des effets de commerce à échéances plus ou moins rapprochées pour être réalisées. Ces valeurs ont presque toujours à subir des pertes assez considérables imposées par l'escompte à 6 p. %, la négociation, le change de place, etc.... Avec les Banques Agricoles ces frais seraient presque nuls; toute signature solvable étant bien accueillie et admise à l'escompte par les Banques Agricoles locales, l'acheteur couvrirait l'expéditeur en billets de la Banque de Marseille, de celle de Bordeaux, de Rouen, etc. A la conservation de ces valeurs en numéraire ou en billets payables à vue, notre Banque gagnerait un prix de change, minime sans doute (1/4 % par exemple), mais qui, répété sur la valeur presque totale de nos produits, ne laisserait pas de constituer un bénéfice annuel très-considérable; d'un autre côté, ces billets de Banque, recherchés par le commerce local qui, ayant à faire des remises sur Bordeaux, Marseille, Rouen, etc., serait intéressé à couvrir ces expéditeurs avec des valeurs avantageuses, rapporteraient, à la Banque de notre département, un nouveau prix de change.

DE L'ESCOMPTE.

Comme on a pu le voir, une émission essentiellement démocratique serait attribuée à l'institution dont nous donnons le projet et l'exposé. Ainsi, l'instrument du travail, le capital, serait à un prix égal, mis à égale portée de l'humble fermier et du riche exploiteur; les opérations relatives au change feraient les transmissions des valeurs faciles au haut commerce; mais, fidèles à leur mission, les Banques Agricoles devraient encore rendre les sources du crédit accessibles à la petite industrie. Dans les circonstances actuelles, le modeste boutiquier, quelle que soit sa valeur morale, n'est jamais admis à escompter au-dessous de 8 p. %. Ne serait-il pas normal, surtout sous le règne de la fraternité, que chaque Banque Agricole ouvrît à tous, en prenant ses sûretés, bien entendu, sa Caisse d'Escompte à raison de 4 p. %. Depuis long-temps, l'a crise actuelle exceptée, tel a été le taux de la Banque de France et cependant quels bénéfices!! (1)

Il est vrai que cet établissement n'admet à l'escompte que les effets garantis par deux signatures, *notoirement* solvables ; mais cette notoriété ne pourrait-elle pas être acquise au Comité d'Escompte de la Banque Agricole? Nous croyons à la possibilité d'un tel résultat, qui se formulerait ainsi : *ouvrir en toute sécurité les sources d'un crédit bienfaisant au petit commerce.*

Voici comment : Un marchand fait une vente à un de ses confrères et reçoit en paiement un effet à terme. Ce billet, il a été le réaliser; mais *il est petit marchand*, il n'est guère connu, financièrement parlant, du banquier qui fait le papier de sa patrie; il ne trouve pas, ou il ne trouve que difficilement et *onéreusement* à escompter, il est donc dans l'alternative ou de subir une opération qui lui enlève le plus net de son bénéfice, ou de garder une valeur improductive et sans emploi dans son portefeuille, jusqu'au jour de l'échéance. Cet effet est cependant garanti par deux signatures. Voilà déjà un premier gage. Or, à ce gage on peut facilement en joindre un second. Que la Banque institue, dans chacune des diverses branches du commerce local, un conseil de renseignement et de contrôle, composé d'hommes qui, marchands eux-mêmes, sachant tout ce qui se passe dans la partie et ce que *vaut* chacun de ceux qui y sont agrégés.....

---

(1) Dans le 1er semestre de 1839 (nous prenons au hasard dans les annales de la Banque de France) le montant des effets escomptés s'élève à plus d'un milliard ; le produit des escomptes faits de 7 millions et demi. Or, le fond social de cet établissement étant de 68 mille francs, le bénéfice résultant de l'opération seule de l'escompte fut 11 p. %, pour chaque actionnaire.

Le Conseil se réunirait tous les jeudis et le dimanche, et statuerait sur l'acceptation ou la non acceptation, par la Banque, des effets qui leur seraient soumis. Le premier soin de ce Conseil serait de s'assurer que ces effets ont été créés *pour fait de marchandises*. Une fois reconnus *escomptables* par le Conseil de renseignement et de contrôle, ces effets passeraient sous les yeux du Comité permanent d'escompte, dont les membres seraient choisis parmi les actionnaires le mieux au courant du personnel du commerce local.

Maintenant, nous le demandons : ces valeurs, une fois sorties victorieuses de toutes ces épreuves, n'offriraient-elles pas des garanties suffisantes?

Du reste, les banquiers acceptent assez généralement les effets du petit commerce, même quand ils n'offrent aucune garantie matérielle, proprement dite : seulement les sentimens qui les déterminent à se risquer ne proviennent peut-être pas directement *de la fraternité!* puisque, comme prime d'assurance, sans doute, la négociation et l'escompte subissent de leur part des conditions peu favorables. Or, puisque le désir de lucre se risque ainsi, pourquoi les Banques Agricoles, avec plus de moyens d'investigations, avec plus d'élémens de sécurité, n'aborderaient-elles pas une œuvre qui serait à la fois très-louable et fort lucrative? Du reste, l'escompte n'est réellement qu'un échange de promesses, seulement la lettre de change demeurerait inactive et improductive dans le portefeuille du commerçant, tandis que le billet de caisse, que la Banque lui donne en paiement, circule et sert à toute opération commerciale. Voilà ce qui motiverait le prix payé pour l'escompte et que la Banque fixerait à 1 p. %.

DIVIDENDE ACTUEL DES ACTIONNAIRES ET RÉDUCTION DE L'INTÉRÊT AGRICOLE.

De ces opérations ainsi reportées, la conséquence nécessaire serait un bénéfice assuré et proportionné à l'importance des affaires locales et à l'activité de la circulation, lorsque ce bénéfice aurait atteint un chiffre tel que le dividende annuel excédât 7 p. %, pour chaque action. L'excédant serait destiné à réduire le taux de l'intérêt agricole à 3 1/2 p. %, y compris l'impôt de 1 p. % servi à l'Etat. Une fois réduit à ce chiffre, le dividende ne serait plus astreint à aucune limite et serait payé par semestre aux actionnaires, à moins que, par convention stipulée dans l'acte de société, les actionnaires ne voulussent créer un fonds de réserve applicable à des améliorations lucratives ayant exclusivement l'industrie agricole pour objet, telles que défrichemens des landes et de terrains incultes, création de canaux irrigans ou augmentation de volume des eaux dans les canaux qui existent par le barrage des rivières ou l'utilisation des grands réservoirs naturels, etc.

Considérations Générales.

On se méprendrait étrangement sur nos intentions si l'on croyait que notre pensée est de provoquer la création *immédiate* d'une Banque Agricole par département; outre qu'un tel projet, quelque consciencieusement étudié qu'il ait été, a besoin, pour que le vrai réalisable soit dégagé de toute erreur, de subir dans le creuset de la critique une longue analyse, il se heurterait encore dans le moment actuel à des difficultés insurmontables ; les Banques Agricoles, pas plus que tout autre établissement de ce genre, ne sauraient avoir la puissance de créer le crédit ; elles peuvent l'organiser quand il existe, voilà tout.

La première pierre d'un tel monument doit être posée par la confiance publique. Cette confiance se rétablira, la secousse qui l'avait ébranlée en est à ses dernières oscillations et alors, nous le croyons du moins, les ouvriers ne manqueront pas à la grande œuvre, qui doit mettre en lumière les forces et les richesses encore ignorées de l'industrie agricole. Dans une telle institution, l'Etat trouverait un puissant élément de prospérité nationale et une ressource immense destinée d'abord à combler le déficit légué à la République par le système déchu et, plus tard, à alléger, par l'abaissement de l'impôt, la propriété foncière dans un sens tout démocratique ; et combien puissante serait cette ressource ! ! En France la propriété agricole est grevée de 11 milliards 239 millions en capital de dettes hypothécaires ; il est vrai que de ces chiffres il faut défalquer le montant des créances qui ont été acquittées, mais dont l'inscription non *radiée* existe encore, quoique sans objet. Admettant qu'elles entrent pour un dixième dans le total des inscriptions, la dette hypothécaire serait représentée par un capital de 10 milliards environ.

Avec l'impôt 1 p. %, tel qu'il a été décrété par le gouvernement, les difficultés seront grandes pour la perception, qui aura à démêler les inscriptions réelles d'avec celles qui ne sont que fictives ; en prélevant 1 p. % sur les intérêts servis à la Banque Agricole, la difficulté disparaîtrait et la fraude n'est plus possible. L'inscription sera à côté de la créance ; la radiation à côté du remboursement ; ainsi inscription et radiation, emprunt et libération, tout se fera aux yeux des fonctionnaires nommés par le Gouvernement.

Ce n'est pas tout ; en dehors de la dette hypothécaire, la propriété se trouve chargée par une dette difficilement accessible aux investigations du fisc. Nous voulons parler des obligations souscrites par les propriétaires aux projets des capitalistes. Eh bien ! avec les Banques Agricoles, ces créances, le plus souvent usuraires, ne seront plus possibles, car le plus puissant de tous les mobiles, l'intérêt, poussera, par des voies faciles, l'emprunteur vers une caisse de prêt, s'ouvrant à des conditions favorables ; nous croyons être plutôt au-dessous qu'en dessus de la vérité en évaluant, pour toute la France, le total de ces créances non hypothécaires à 5 milliards, qui, sous les yeux du Gouvernement, viendront à la Banque Agricole prendre inscription hypothécaire et s'offrir d'elles-mêmes à la perception de l'impôt 1 p. %.

Enfin, dans quel but les Banques Agricoles auraient-elles été instituées? N'est-ce pas pour pousser et soutenir l'agriculture dans la voie du progrès? Or, tout ce qui est amélioration ne nécessite-t-il pas un capital, c'est-à-dire un emprunt? cet emprunt, où se fera-t-il si ce n'est à la caisse de prêt et moyennant inscription hypothécaire? Voilà donc le chiffre de la dette hypothécaire augmenté, non plus d'une manière ruineuse, mais tout au contraire favorable et réparatrice pour l'agriculture. En effet, la propriété est aujourd'hui grevée, en créances hypothécaires ou en obligations simplement souscrites, d'une dette de 15 milliards environ, l'intérêt de ce capital étant en moyenne de 7 p. % au moins ; c'est donc une somme de *un milliard cinquante millions* que l'agriculture paye en intérêts annuels. Or, avec les Banques Agricoles le taux de 3 1/2 p. %, l'intérêt annuel de la créance totale de 20 milliards (1) ne s'élèverait plus qu'à une somme de 700 millions. Ainsi la dette totale de l'agriculture, étant portée à 20 milliards et constituant une créance hypothécaire de même valeur, il s'ensuit que l'impôt de 1 p. % fera entrer, dans les caisses de l'Etat, sans difficulté, sans perturbation et en exonérant l'agriculture, la somme de 200 millions. Voilà pour l'Etat; de leur côté, le petit et le moyen commerce trouveraient, dans la création des Banques Agricoles, des avantages que nous avons fait ressortir et graviteraient autour de ces établissemens sans être entraînés et compromis dans le mouvement fiévreux de la haute spéculation industrielle, qui aurait pour double foyer la Bourse de Paris et la Banque de France.

---

(1) Nous fixons arbitrairement à 5 milliards le total des emprunts que nécessitent les améliorations agricoles......

3

Ainsi se trouverait rétablie la juste pondération qui doit présider au développement des trois forces vives de la nation, l'agriculture, l'industrie et le commerce. Ainsi rentreraient sous le drapeau agricole en honneur, ces masses qui, sollicitées par les faux dehors d'une prospérité factice et éphémère, s'étaient enrôlées sous la bannière du travail des manufactures et avaient encombré les voies des arts et métiers; et c'est une pensée éminemment démocratique que celle qui présiderait à la création des Banques Agricoles. Qui sait si ce problème, à plusieurs inconnues, dont le citoyen Louis Blanc travaille en ce moment à calculer l'X définitif, n'a pas pour équivalent le rétablissement de l'équilibre entre les divers élémens du travail national ? C.

Perpignan, 1848.

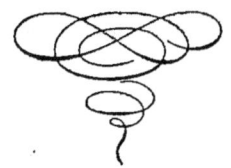

Nous avons à dessein retardé la publication de notre travail, pour connaître la teneur du nouveau projet de loi, portant prorogation du privilége de la Banque de France; nous étions désireux aussi de savoir les avantages qui en résulteraient pour le commerce et l'industrie ; nous nous bornons à reproduire ici le projet sans commentaires, laissant à de plus habiles le soin de le discuter.

Projet de loi portant prorogation du privilége de la Banque de France.

Nouvelle rédaction approuvée par la Commission et le Conseil d'Etat.

« ARTICLE PREMIER. Le privilége conféré à la Banque par les lois des 24 germinal an XI, 22 avril 1806 et 30 juin 1840, dont la durée expirait le 31 décembre 1867, est prorogé de trente ans, et ne prendra fin que le 31 décembre 1897.

» ART. 2. Le capital de la Banque, représenté aujourd'hui par 91,250 actions, sera représenté désormais par 182,500 actions, d'une valeur nominative de 1,000 fr. chacune, non compris le fonds de réserve.

» ART. 3. Les 91,250 actions nouvellement créées seront exclusivement attribuées aux propriétaires des 91,250 actions actuellement existantes, lesquels devront en verser le prix, à raison de 1,100 fr. par action, dans les caisses de la Banque, trimestre par trimestre, dans le délai d'un an au plus tard, à partir de la promulgation de la présente loi.

» L'époque du premier paiement et les conditions auxquelles les actionnaires pourront être admis à anticiper les paiemens ultérieurs seront fixées par une décision de la Banque.

» ART. 4. Le produit de ces nouvelles actions sera affecté, jusqu'à concurrence de 91,250,000 fr., à la formation du capital déterminé par l'art. 2, et, pour le surplus, à l'augmentation du fonds de réserve actuellement existant.

» Art. 5. Sur le produit desdites actions, une somme de 100 millions sera versée au Trésor public dans le courant de 1859, aux époques qui seront convenues entre le ministre des finances et la Banque.

» Cette somme sera portée en atténuation des découverts du Trésor.

» Le ministre des finances est autorisé à faire inscrire sur le Grand-Livre de la dette publique la somme de rente 3 % nécessaire pour l'emploi de ladite somme de 100 millions.

» Un fonds d'amortissement du centième du capital nominal desdites rentes sera ajouté à la dotation de la caisse d'amortissement.

» Les rentes seront transférées à la Banque de France au cours moyen du mois qui précédera chaque versement, sans que ce prix puisse être inférieur à 75 fr.

» Art. 6. Sur les rentes inscrites au Trésor au nom de la Caisse d'amortissement, et provenant des consolidations du fonds de réserve de l'amortissement, il sera rayé du Grand-Livre de la dette publique une somme égale à celle des rentes créées par l'article précédent.

» Les rentes seront définitivement annulées en capital et arrérages, à dater du jour où les rentes nouvelles seront transférées à la Banque.

» Art. 7. La faculté accordée à la Banque de faire des avances sur effets publics français, sur actions et obligations de chemins de fer français, et sur obligations de la ville de Paris, est étendue aux obligations émises par la société de Crédit foncier.

» Les dispositions générales qui régleront le mode d'exécution du paragraphe précédent devront être approuvées par un décret.

» Art. 8. La Banque de France pourra, si les circonstances l'exigent, *élever au-dessus de* 6 % le taux de ses escomptes et l'intérêt de ses avances.

» Les bénéfices qui seront résultés pour la Banque de l'exercice de cette faculté seront déduits des sommes annuellement partageables entre les actionnaires et ajoutés au fonds social.

» Art. 9. La Banque de France aura la faculté d'abaisser à 50 fr. la moindre coupure de ses billets.

» Art. 10. Dix ans après la promulgation de la présente loi, le Gouvernement pourra exiger de la Banque de France qu'elle établisse une succursale dans les départemens où il n'en existerait pas.

» Art. 11. Les intérêts qui seront dus par le Trésor, à raison de son compte-courant, seront réglés sur le taux fixé par la Banque de France pour l'escompte du papier de commerce, sans qu'ils puissent excéder 3 %.

» Art. 12. Un règlement d'administration publique déterminera, à l'égard des actionnaires en retard de versement, les mesures nécessaires à l'exécution de la présente loi. »

Projet de traité entre le Trésor public et la Banque de France.

« Article premier. Les arrérages des rentes qui seront délivrées à la Banque en exécution de la loi portant augmentation de son capital, courront à partir du premier jour du semestre qui suivra la livraison de ces rentes, sauf bonification à la Banque à raison de 4 % l'an de l'intérêt pour le temps compris entre cette époque et celle des versemens.

» Art. 2. En réciprocité des avantages qui résultent pour la Banque de ce qu'elle reçoit en compte courant les encaisses disponibles du Trésor, la Banque s'engage, pour la durée de son privilége, à faire au Trésor, au fur et à mesure de ses besoins, des avances qui pourront s'élever à quatre-vingts millions, y compris les cinquante-cinq millions restant à rembourser sur le prêt prorogé par le traité du 3 mars 1852.

» Le maximum de ces avances sera réduit à soixante millions, au moyen des remboursemens annuels stipulés audit traité.

» Des bons du Trésor, renouvelables de trois mois en trois mois, seront délivrés à la Banque en garantie de ses avances.

» Art. 3. Les sommes qui seront portées au débit du Trésor, en vertu de cette convention, se compenseront, jusqu'à due concurrence, avec celles qui formeront le crédit de son compte courant, soit à Paris, soit dans les succursales, de manière à ce que les intérêts dus par le Trésor ne soient calculés chaque jour que sur le solde dont il sera réellement débiteur.

» Art. 4. Les intérêts du compte courant ainsi établi seront réglés sur le taux fixé par la Banque pour l'escompte du papier de commerce, mais sans qu'ils puissent excéder 4 %.

» Art. 5. Si le Trésor venait à retirer ses fonds en compte courant, la Banque serait affranchie des engagemens qu'elle contracte par le présent traité. »

Nous pensons qu'on nous saura gré d'insérer ici un extrait du remarquable travail de M. Leroux sur le budget de 1858 : on y verra quelles sont les idées de la Commission du Corps Législatif sur la situation réciproque de la propriété foncière et de la propriété mobilière.

Extrait du Rapport de M. Leroux sur le budget de 1858.

« Il faut que l'impôt apparaisse, non comme le résultat d'une lutte entre elles (la propriété immobilière et la propriété mobilière), mais bien comme la consécration du grand principe de la répartition égale et proportionnelle des charges de l'Etat. Aujourd'hui, avec le progrès de nos mœurs et la liberté de nos idées, les fortunes ne doivent pas plus former des classes que les individus. En reconnaissant ici la différence de leurs natures, nous serons dans le vrai et nous arriverons au juste.

» La fortune mobilière a des élémens qui lui sont propres ; ses succès sont éclatans et bien faits, il faut le dire, pour tenter les ambitions et séduire les esprits. Bénéfices considérables, facilité indéfinie de transmission, absence complète d'embarras et de gestion, réalisation immédiate et toujours sous la main, emprunts faciles, augmentation visible et chaque jour constatée, tels sont les principaux avantages des valeurs mobilières. Si l'on y joint l'espérance incessante, ce mobile si naturel au cœur de l'homme, on ne s'étonnera pas de leur faveur.

» Il faut pourtant ne pas oublier, dans un coin de ce tableau si brillant, l'incertitude, cette compagne aussi de l'espérance ; les reviremens subits, les écroulemens rapides de cette prospérité souvent trompeuse, ou plus impressionnable que toute autre au choc des événemens publics, les crises périodiques, et cette facilité même de réalisation qui se retourne alors contre les détenteurs. Mais l'ombre ne doit pas faire rejeter le tableau. La somme des avantages dépasse de beaucoup celle des inconvéniens, et nous devons nous en féliciter, car les capitaux mobiliers sont indispensables à un grand pays comme le nôtre. Ils sont une des sources les plus fécondes de notre prospérité, la vie et le mouvement de nos industries ; leurs victoires sont aussi les nôtres ; leurs revers nous atteignent tous directement ou indirectement. La fertilisation de notre sol ne peut se passer d'eux ; la guerre a besoin de leur puissant concours, leur appui inébranlable frappe l'ennemi d'inquiétude et ramène la paix. C'est par eux que l'Angleterre, si petite comme sol, est si grande comme puissance ;

c'est avec eux que nous pouvons acquérir et conserver une richesse et une force sans égales, nous à qui la terre ne manque pas.

» La terre, tel est l'élément solide sur lequel repose la propriété foncière. Cette solidité fait son avantage en même temps que son inconvénient. En effet, *c'est à elle que l'on s'adresse, dès que les temps deviennent difficiles* ; toujours à portée, toujours saisissable, *elle supporte le poids des crises, des guerres ou des révolutions*. Les aggravations d'impôts l'atteignent presque toujours, et SOUVENT SEULE.

» Elle acquitte la plus grande partie des charges locales, qui ne contribuent pas à son amélioration. Une portion des impôts de consommation grève indirectement ses produits. Son revenu est modeste, son accroissement lent, sa transmission difficile, entravée de formalités et de droits considérables : ses emprunts, toujours si onéreux, sont devenus presque impossibles ; de là ses difficultés, ses souffrances, sa langueur, que nous croyons momentanée, mais qui n'en est pas moins réelle. Et cependant, si on la considère de plus près, on s'aperçoit de ses avantages, on pourrait dire de ses vertus, et l'on est amené à penser que si le courant se porte temporairement vers les attraits de la prospérité mobilière, il ne tardera pas à revenir à cet élément de fortune si calme et si sûr. La propriété foncière n'est pas, comme l'autre, une part temporaire d'une industrie toujours militante, c'est une possession certaine, indéfinie ; c'est, pour ainsi dire, et sauf les lois générales de la société, un petit Etat dans l'Etat. Si l'accroissement de capital est lent, il est, on peut le dire, immanquable, et soustrait à ces alternatives toujours si dangereuses des valeurs mobilières. La propriété foncière est préservée des terreurs irréfléchies, des ventes désastreuses, par son immobilité même ; c'est elle qui la gêne, mais qui la sauve aussi.

» Enfin, à côté de ses revenus modestes, suite d'ailleurs naturelle du haut prix qui s'attache à son achat, ne faut-il pas placer cette sécurité complète, cette somme d'influence légitime, d'économies, et cependant de vie plus large dont elle donne la jouissance? Ne faut-il pas ajouter ce qu'on pourrait appeler ses avantages moraux : cet exercice patient de la persévérance, cette poursuite de l'amélioration lente, mais certaine, cette chaîne de souvenirs et d'espérances qui relie la famille ancienne à la famille à venir? Il faut bien que ces considérations soient dans les esprits, pour que nous voyions les grandes fortunes, conquises dans les affaires, chercher la stabilité et comme un abri dans la prospérité du sol, et les petites épargnes lui rester fidèles, ainsi que le témoigne le morcellement incessant qui, pour quelques-uns d'entre vous, est une préoccupation.

» Disons-le donc en terminant, les deux propriétés foncière et mobilière ne sont pas des rivales, mais des sœurs différemment dotées, et qui se doivent et se prêtent un mutuel appui. Leur lutte serait fatale, leur union, hâtée par le temps et par nous, sera l'échange d'un bienfait réciproque. »

―――――

Pendant que notre brochure était sous presse, M. de Germiny, Gouverneur du Crédit Foncier de France, dans un rapport à l'assemblée générale des actionnaires, semble laisser entrevoir que le temps n'est pas éloigné où le sol doit trouver son crédit. Nous nous empressons de laisser une place à cette partie de ce beau travail, tout en nous félicitant de voir nos idées partagées en haut lieu et si lumineusement exprimées par cet éminent financier; nous ne pouvons cependant nous y associer sans restriction :

ainsi nous ne voudrions point de nouvelle création mais participation égale des deux crédits et sous la même direction aux avantages des institutions existantes.

Nos lecteurs partageront sans doute cette inébranlable conviction que le temps n'est pas éloigné où nous verrons s'élaborer un projet, qui, en faisant jouir la propriété foncière des mêmes avantages que le commerce et l'industrie, fera époque dans l'histoire du Crédit et étendra son bienfait sur toutes les classes de la société.

Extrait du rapport de M. de Germiny, Gouverneur du Crédit Foncier de France.

« Vous voyez, Messieurs, que lorsque, l'an passé, nous disions le prix que nous attachions à la révision de nos statuts, nos pressentimens étaient vrais : les bienfaits de cette révision sont déjà sensibles. Ce n'est pas tout. Nous devons encore vous faire accepter l'augure des bons résultats que donnera cette autre disposition déjà citée, à savoir, que votre Société peut appliquer, avec l'autorisation du Gouvernement, tout autre système ayant pour objet l'amélioration du sol et les progrès de l'agriculture. Quel que soit le moyen qui sera trouvé et employé pour la pratique de cette faculté, appréciez, Messieurs, par une seule question, celle du pain, quelle peut en être la portée. Quand le pain est à 15 centimes le 1/2 kilogramme, on en consomme en France pour 5,400,000 fr. par jour environ; si le prix du pain augmente de 1 centime le 1/2 kilogramme, la dépense quotidienne augmente de 360,000 fr. : par conséquent, si par des moyens de crédit on améliore la culture de manière à produire 1 centime de différence en baisse, voyez quelle somme de richesse en découle; résultat plus immense encore, si, au lieu de 1 centime, il s'agit de 2, de 3, de 15 centimes même ; car, au lieu de valoir 15 centimes, le pain a valu souvent 30 centimes la livre depuis deux ans. Le Crédit agricole n'a donc pas moins de raison d'être que le Crédit foncier. Il est fâcheux sans doute que, sous ce rapport, les événemens n'aient pas permis au Crédit foncier de rendre tous les services attendus de son avénement; mais, pour être complétement vrai, il faut reconnaître que, même en présence de circonstances moins défavorables, il n'eût pu mieux faire; car, si le voyant naître, l'opinion publique a pensé qu'on pourrait faire à courte échéance l'escompte du papier de l'agriculture, elle a jugé sur l'étiquette du nom, tandis que décrets et règlemens n'avaient rien prévu pour une mission aussi largement comprise.

» Aux termes de vos nouveaux statuts, c'est autre chose : transformation de la dette hypothécaire, banques agricoles, participation à la pratique du drainage; le Gouvernement peut, s'il le juge convenable, étendre votre action, multiplier vos devoirs, et chaque fois que nous avons vu surgir un nouveau projet pour le service du crédit du sol, nous avons rappelé que les moyens de le réaliser facilement et économiquement nous paraissaient être au pouvoir de votre Société. Prêter à la terre en la grevant d'une hypothèque, et prêter à celui qui la possède ou cultive, contre son billet à trois mois ou à six mois, afin de venir en aide à ses cultures, ainsi que la Banque de France vient en aide au commerce et à l'industrie, c'est encore faire du Crédit foncier, et ajouter au système qui, par voie d'amortissement, libère la propriété, un élément de libération qui résulte de la plus ou moins grande prospérité de l'agriculture. Si, un jour ou l'autre, nos sentimens à cet égard sont partagés, nous n'oublierons pas que votre capital social a une mission définie, que votre privilége a son caractère à lui, et qu'il faut être attentif à ne pas modifier, altérer peut-être la sécurité que donne ce privilége en lui annexant la responsabilité d'affaires nouvelles, en plaçant sous la protection du même capital l'escompte agricole et le crédit foncier ; mais lorsque deux affaires ont de l'analogie, lorsqu'elles s'adressent à des intérêts similaires, on voit tous les jours la même administration s'en charger, leur adapter son organisation toute faite, son personnel, et les conduire de conserve d'autant plus facilement qu'elle a des relations établies. En d'autres termes, Messieurs, s'il était proposé à votre Société de fonder le Crédit Agricole, et qu'il fût compris que cette fondation doit donner lieu à la constitution d'un capital social indépendant et responsable des crédits à courte échéance qu'il distribuera à l'agriculture, comme la vôtre répond des crédits hypothécaires que vous consentez, nous n'hésiterions pas à considérer comme une faveur et une force la pratique de cette opération, en tant que les deux affaires, dirigées par la même influence, resteraient cependant complètement indépendantes et sans solidarité. S'il y a lieu de donner suite à l'une ou à l'autre de ces pensées, de quelque nom qu'on les appelle, comptoirs, banques agricoles ou drainage, nous aurons nécessairement l'honneur de vous en référer, vous faisant observer dès à présent, pour le drainage, que si la faveur d'être associés à sa pratique nous est accordée, il ne nous paraîtrait pas nécessaire d'en placer l'organisation sous la garantie d'un capital social nouveau, en raison même de son analogie avec vos actes de prêts et les priviléges réservés par la loi à ceux qui l'accompliront. »

Sacrifiant sans peine l'uniformité et l'élégance de la forme à la solidité du fond, nous ne savons point, même après plusieurs extraits, résister à la tentation d'insérer un article du *Constitutionnel*, signé Dréolle, relatif à la création d'une Caisse d'assurances Agricoles : c'est aux Lazare de la pensée qu'il appartient de se nourrir des miettes de la table du riche.

Le *Constitutionnel* dit :

« Nous avons annoncé l'envoi au Conseil d'Etat, par M. le Ministre de l'Agriculture, du Commerce et des Travaux publics, d'un projet de décret pour l'établissement d'une caisse générale des assurances agricoles.

» Cette institution, dont le but est d'indemniser, au moyen d'une cotisation annuelle, fixe et volontaire, les cultivateurs des pertes causées dans leurs récoltes et leurs bestiaux par la grêle, la gelée, l'inondation et les épizooties, était réclamée depuis long-temps par les Conseils généraux, les Conseils d'arrondissement et par les Comices et Sociétés d'agriculture. Le projet en remonte aux premières années du règne de Napoléon Ier; le Conseil d'Etat fut alors saisi d'un travail préparatoire, et il appartenait à l'Empereur Napoléon III d'adopter les vues généreuses de son illustre prédécesseur, et de répondre aux désirs des laborieuses populations des campagnes.

» Nous ne pouvons dire exactement quelles seront les bases définitives du projet qu'adoptera le Conseil d'Etat, mais une *note* sur ce projet, publiée par M. Perron, chef de section au ministère d'Etat, nous permet d'en faire connaître à l'avance l'excellente économie.

» Quatre fléaux désolent l'agriculture; la grêle, la gelée, les inondations et la mortalité des bestiaux, frappant tour à tour sur les diverses contrées de la France, y répandent la ruine et la misère, arrêtent les progrès de l'agriculture, et ne sont pas sans contribuer à la dépopulation des campagnes. Dans un espace de trente années, on a évalué les pertes, en moyenne, de 30 ou 40 millions par la grêle, à 8 à 10 par la gelée, à 10 ou 12 par les inondations, et enfin à 30 ou 35 par la mortalité du bétail. Le Gouvernement a pensé que le seul remède au mal pourrait être dans l'organisation d'une *assurance universelle*, qui diviserait entre tous les propriétaires et cultivateurs le fardeau qui écrase quelques-uns.

» En effet, si les pertes éprouvées étaient proportionnellement réparties entre les 10 milliards environ de valeurs agricoles que possède la France, elles seraient à peu près insensibles; mais malheureusement ce sont, en général, les petits cultivateurs qui se voient le plus maltraités; les indemnités qu'ils reçoivent actuellement ne leur donnent tout au plus que 5 ou 6 % des dommages éprouvés.

» La Caisse générale des assurances Agricoles se diviserait en autant de caisses qu'il y a d'assurances distinctes, c'est-à-dire quatre caisses, lesquelles auraient une comptabilité à part, et disposeraient de leurs propres ressources, sans solidarité avec les autres caisses.

». Les maires des communes ou, à leur défaut, des agens spéciaux, recevraient les déclarations d'assurance, et la contribution fixée pour chaque propriétaire, en raison de la quantité et de la valeur de ses récoltes et de ses bestiaux, serait perçue par le percepteur du canton.

» L'institution embrassant toute la France, il suffirait d'une contribution modérée pour indemniser toutes les pertes, quelle qu'en soit la gravité. L'auteur de la *note* calcule qu'une taxe moyenne de *cinquante cent.* pour cent francs de valeurs assurées réparerait les dommages de la grêle; une même taxe suffirait pour la gelée et les inondations, et la mortalité des bestiaux pourrait être couverte par une contribution moyenne de 1 fr. 50 %.

» En vue des années désastreuses, la caisse disposerait d'une réserve composée, d'une part, de tout ce qui n'aurait pas été dépensé dans les années ordinaires, et, d'autre part, des secours, dons et legs qu'elle serait à même de recevoir du Gouvernement, des départemens, des communes et des particuliers.

» Une pareille institution, dit M. Perron, réalisera toutes les conditions fondamentales de l'assurance :

« La réparation intégrale des sinistres, par l'immensité des
» ressources ;

» La répartition équitable des charges, par une bonne classifi-
» cation des valeurs assurées ;

» La plus rigoureuse économie, par l'absence de toute spécu-
» lation ;

» Enfin la sécurité la plus complète, par la direction et le
» contrôle de l'Etat. »

» Indépendamment de ces avantages réels, il en est d'autres d'un ordre plus élevé, que M. Perron énumère ainsi avec une parfaite clarté :

« Ainsi organisée et étendue à la France entière, l'institution fera plus que tout ce qui a été tenté jusqu'ici pour l'amélioration de la culture et des bestiaux, pour la propagation des bonnes méthodes et pour l'établissement d'une sérieuse statistique, où le Gouvernement puisera, chaque année, une connaissance exacte des ressources et des besoins du pays.

» L'assurance contre l'inondation obligera de prendre les mesures les plus efficaces pour le prévenir : l'endiguement et les canaux de dérivation de nos rivières pourront être exécutés de manière à servir aux irrigations, qui doubleront le revenu des prairies, et permettront de doubler le bétail, par conséquent les engrais, qui manquent aux cultivateurs et qui sont la condition de tout véritable progrès agricole.

» L'assurance contre la mortalité des bestiaux entraînera également, comme conséquence, les mesures les plus propres à prévenir et à combattre les maladies auxquelles ils sont exposés.

» Une fois ses valeurs garanties contre tous les sinistres qui les menacent, l'agriculture attirera les capitaux en leur offrant la base la plus solide et la plus large. L'assurance des récoltes et des bestiaux, en fournissant, chaque année, au crédit un nouveau gage de huit à dix milliards, lui permettra de faire pour l'agriculture ce que la Banque de France a fait pour l'industrie ; enfin la certitude de recueillir le fruit de ses travaux attachera au sol l'habitant des campagnes, en même temps que la régularité du revenu territorial accroîtra la valeur de la propriété.

» En elle-même et par ses conséquences, l'institution de la Caisse des assurances Agricoles se présente donc comme un des plus grands bienfaits pour le pays. »

» Déjà nous avons vu créer, sous l'Empire, la caisse des retraites pour la vieillesse, et la caisse de dotation de l'armée; des lois spéciales ont réformé ou complété l'organisation de la caisse des dépôts et consignations et des caisses d'épargne ; la caisse des assurances agricoles viendra compléter cette série d'institutions qui répondent aux vœux du pays, et sont dictées par une prévoyance généreuse et une rare intelligence de nos besoins. »

www.ingramcontent.com/pod-product-compliance
Lightning Source LLC
LaVergne TN
LVHW021703080426
835510LV00011B/1564